13 POEMAS DE AMOR

Samuel Pérez Toranzo
Ilustraciones de Esther Soto Toranzo

EDIQUID

13 POEMAS DE AMOR
© Samuel Pérez Toranzo
© Esther Soto Toranzo

Editado por: Corporación Ígneo, S.A.C.
para su sello editorial Ediquid
Av. Arequipa 185 1380, Urb. Santa Beatriz. Lima, Perú
Primera edición, mayo, 2023

ISBN: 978-612-5078-92-6
Tiraje: 50 ejemplares

Hecho el Depósito Legal en la Biblioteca Nacional del Perú N° 2023-03774
Se terminó de imprimir en mayo del 2023 en:
ALEPH IMPRESIONES SRL
Jr. Risso Nro. 580 Lince, Lima

www.grupoigneo.com
Correo electrónico: contacto@grupoigneo.com
Facebook: Grupo Ígneo | Twitter: @editorialigneo | Instagram: @grupoigneo

Colección: Nuevas Voces

Índice de contenido

Frente de calor

Abrigara con mil besos tus latidos.
Deformara con mis uñas tus corduras.
Te enrollara entre los dedos las costuras.
Tejería entre las aguas tus sonidos.

Te pasara de ternuras a gemidos.
Cambiaría de postura tus posturas.
Navegaras en el mar de las locuras.
Y serías para siempre lo que has sido.

Embotara todo el filo de tus bordes.
Fueras llena de apreturas con acordes.

Con la risa sobrehumana sucumbieras.
Y pidieras mucho más y más quisieras.

Y en el sueño no existiera un hasta luego.
Nunca hubiese más cenizas sino fuego.

E/SOTO

Rosa de violín

La rosa del violín que se reparte.
Colores, magia, *grown*, *dance*, melodía.
Acaso toca en cuadros la armonía.
Tocando en todo sueño todo el arte.

La miro y me desata un no dejarte.
Jamás en una imagen, no podría.
Si solo a ella tocara, tocaría.
Los trazos más eternos, parte a parte.

Su luz es un reflejo que palpita.
Sonidos de callados, Bach recita.

Leyendas, devociones, y envolturas.
Picadas y piquetes, shakiduras.

La rosa de violines del jardín
creció de solo luz y el sol violín.

Creer para ver

Cuando mires mis ojos quiero que veas
aquel que para ti lo ha dado todo,
que un día ya murió y, del mismo modo,
resucitó en verdad, creas o no creas.

Cuando me mires bien quiero que leas
que soy de igual un rey o Cuasimodo,
que estuve allí también, formando el lodo,
que cubre y que descubre las ideas.

En cuanto tu mirada se cruce con la mía,
no dejes de observar que hay poesía.

No dejes de aprender de quién ha sido
y ha de ser aquel que ya ha vencido.

El que nunca jamás ha de poder dejarte,
el que tiene la misión de amar y amarte.

En el espejo

En el espejo aparece.
Brillar tu boca encendida.
Arder la arteria o la herida.
Que en tu rostro te embellece.
Y a mí por dentro me crece
un deseo, un exceso,
de éxtasis, de embeleso,
de fuego lento y bien sano.
Porque hasta diera la mano
con que pinto por un beso.

El cuadro

Imperecedero cuadro que atrajo tu mirada.
Tu inocencia incompleta que leía sus lados.
Y yo, con la tertulia de galletas y helados,
no veía tu anhelo por la pieza encuadrada.

Luego fuiste a la copa de agua media helada,
rompiste este silencio de mis ojos vendados,
y, con esa simpleza de tus dedos callados,
encuadraste aquel marco de pared jorobada.

Fue en ese detalle que brotó este soneto.
Tu belleza es, en cambio, ese cuadro completo.

Exacta y atrevida, que desajusta a todos.
Eres una acuarela que inspira nuevos modos.

Y quizá si pudiera pintar solo a una aurora,
mi teclado escribiera, de lado, a ti, pintora.

Alegre de mirar

Alegre de mirar las mariposas,
exalto en este instante que me vino,
al dueño de la vida y su destino,
descubro en su aletear musas gloriosas.

Se vuelven en los versos misteriosas,
deslizan su equipaje en el camino,
y alzan su pasión de azul marino,
al cielo que las viste y que las posa.

Parecen ser murmullos indecibles
la fuerza de sus cantos imposibles.

Y como algún vaivén de coplas sueltas,
están como desnudas y revueltas.

Y miro el trasladar del paso en ellas,
crisálidas que mutan en estrellas.

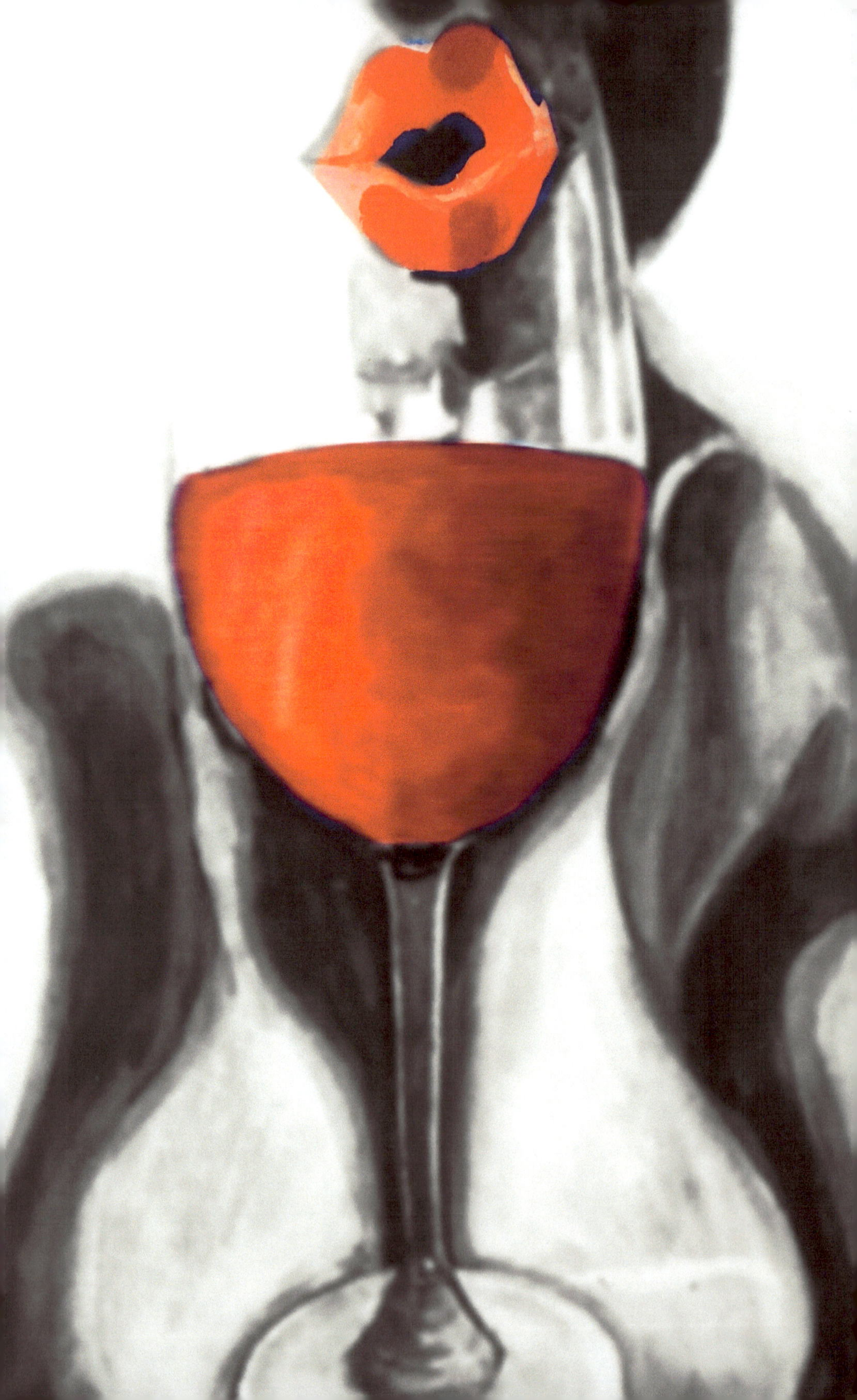

Dame tu corazón

Dame tu corazón y dame acaso
el tímido rocío de tus venas.
Dame tu corazón y dame apenas
un tenue beso en el cristal de un vaso.

Dame tu corazón que arde el ocaso
entre el vacío de mis manos llenas
de amor, de sangre, de rosas, y de penas,
que encienden los latidos de mi paso.

Dámelo, pues, como si hubieras dado
la última alusión a tu hermosura
que ampare este dolor de mi alma trunca.

Dámelo bien, y bien enamorado,
que acabo de tomarme la frescura
de amarlo más que nadie y más que nunca.

El Soto
2020

Tu pelo

Tu pelo sincroniza una aventura.
Se vuelve melodía en cada vuelo.
Pareces miel formada desde el cielo
que cae con una mágica frescura.

Los lacios te desprenden la hermosura.
Los sueltos te despegan cada anhelo.
Y vive tu sonrisa, pelo a pelo,
de ensueños descubiertos y ternura.

No importa si has vestido tu cabello
de forma celestial, todo es posible.

El canto que sostienes lo hace bello.
La voz de tu interior, irrepetible.

Y en el ondear de luz de su destello,
te vuelve a ti una lluvia indetenible.

Algo hermosa

Eres algo hermosa, tendida en el paso.

Una lluvia eterna.

Una luz que ocurre millones de veces.

Todo se conforta mientras tú sonríes.

Todo toma forma mientras tú te bañas.

En cada palabra, te vuelves más bella.

En cada sonido, encuentras al verso.

Eres algo hermosa,

sencilla.

Atraviesas como suave espada el alma que escribe.

Tu mirada quieta produce miradas.

Tus manos son nobles.

Tus pies son dos alas.

Ante el mundo entero, caminas valiente.

Ante cualquier pueblo, eres *miss* Nostalgia.

Maravilla y dulce,

dulce, dulce, dulce,

dulce como el agua.

Muchas cosas sabes.

Sabes de los libros.

Sabes de las aves, del color del viento.

Sabes, sabes, sabes.

Vives en la Aurora

y en las noches temes,

pero en ti descansa todo el universo.

Eres algo hermosa,

incontable, breve.

Avísame

Cuando no halles el sol en tu ventana, y la noche haya sido
demasiado extensa, y tus ojos estén rojos de angustia,
¡avísame!
Cuando sea tu luz incoherente, tus palabras torpes y cansadas,
tu inocencia llena de egoísmo,
¡avísame!
Cuando el frío arrope con dureza y las manos estén crudas en
llagas, y los pies te pesen como arena,
¡avísame!
Cuando falte pan en tu alimento, y el aliento se vuelva seco y
triste, y no alcances el agua deseada,
¡avísame!
Cuando en fiebre cubras tus axilas y no haya cura que te salve y
escasee salud en tu descanso,
¡avísame!
Cuando el ruido se crezca en tu alabanza, y tu voz sea ronca y
desentone, y en el baile no tengas esperanza,
¡avísame!
Cuando la flor te parezca tonta y polvo, la semilla una piedra
sin sentido, y en un árbol no veas el futuro,
¡avísame!
Cuando esperes ayuda y te den palos, y te juzguen los crueles
desleales, y el apoyo parezca ser espinas y martillos y clavos
como espadas,
¡avísame!
Cuando el cielo se vuelve boca abajo, y la tierra parece que te
traga, y ni tienes fuerzas para el grito,
¡avísame!
Y aunque nada de esto nunca ocurra y tu paz sea siempre en
paz y en vida, y tan solo anheles un poema simplemente, no
tienes que avisarme.

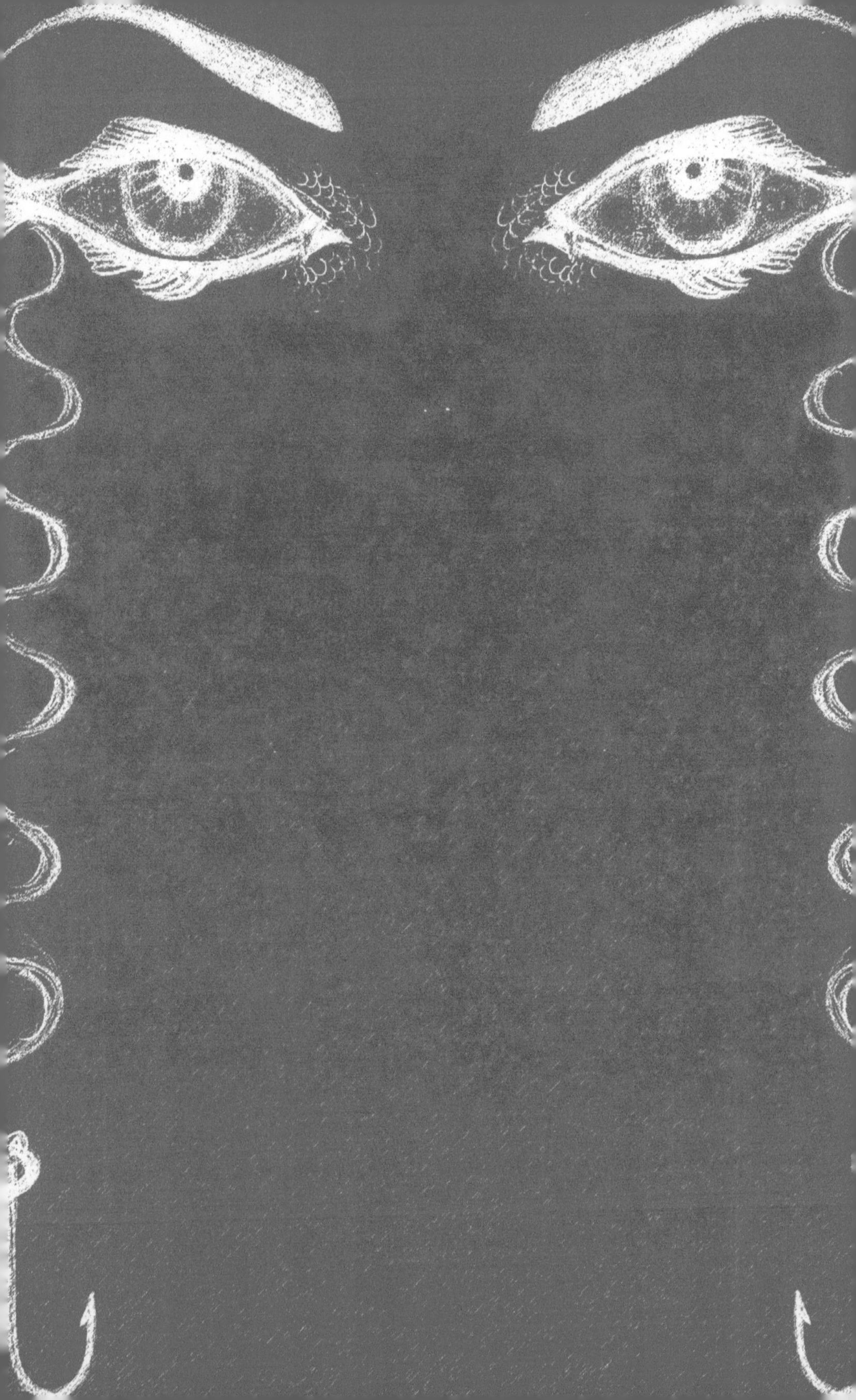

Hoy

Convertida en anzuelo,
me tentaste a quererte,
a ser dueño de versos
por hacerte y hacerte.

Convertida en anzuelo,
me tentaste otra vez
a querer atraparte
y morderte cual pez.

Convertida en anzuelo,
me tentaste a mirarte
por los lados de frente
y cualquier otra parte.

Convertida en anzuelo
y una blanca carnada,
me tentaste a soñarte
al clavar tu mirada.

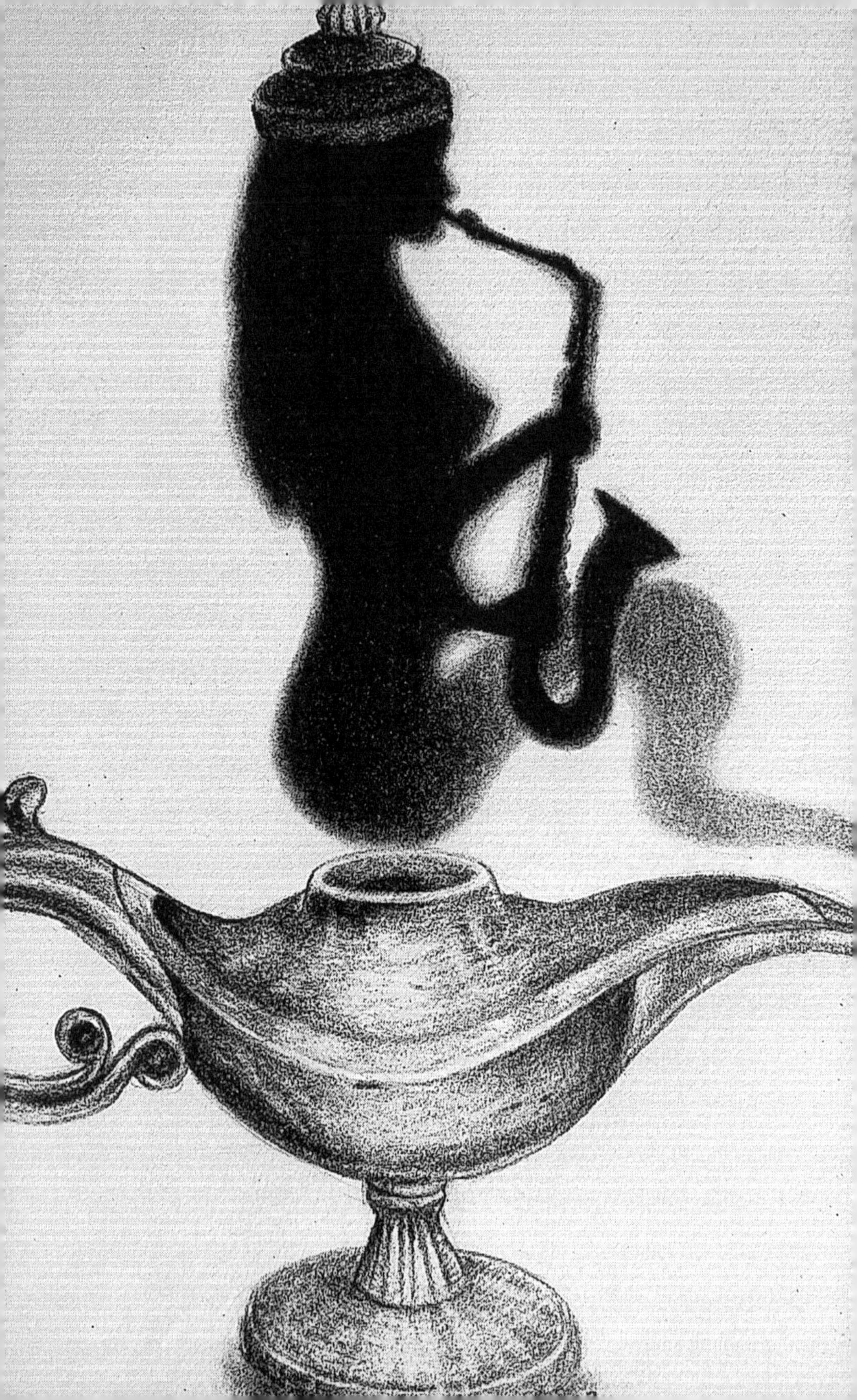

Para ti

Para ti, que alzas el poder del viento.
Para ti, que sueñas y haces soñar tanto.
Tú, la más preciosa de un precioso cuento.
Tú mejor estrofa de la canción que canto.

Para ti, que eres suspirar y aliento.
Para ti, que haces todo alegre el llanto.
Tú, el verso clave como el alimento.
Tú, la lluvia llena de sutil encanto.

Para ti, que eres música gloriosa.
Tú, la que descubres espinas y rosas.

Para ti, que estás donde hay tantas cosas.
Tú, la que te muestras tiempo y mariposa.

Para ti, el poema, el verso, la glosa.
Tú, la que te vuelves tierna, bella, hermosa.

Las rosas que haces

Suspiran aliento sembrando los mares.
Caminan en brazos de todos los aires.
Se vuelven más rosas con solo rozarme.
Arenas de espumas que pueden embriagarme.

Son de multiformes formas intocables.
Son así de simples, luces inestables.
Se vuelven poemas y besos por darte.
Sucumben en tierras, se alzan al arte.

Con tallos pequeños, pétalos gigantes.
Parecen galaxias de espinas andantes.
Ventilan las noches, endulzan las aves.
Son suaves caricias, son sueños muy suaves.

Tiemblan infinitas sin ningún embate.
Torturan al verso que en su aroma late.
Así es, jardinera, que entre flores yaces.
Así son las rosas, las rosas que haces.

LECTURAS RECOMENDADAS

Sentí demasiado, así que escribí (Valentina Valdebenito Neyra)

Quetzalcóatl. Misterio insondable (Adrián Cerratto Quintana)

Versos ambiguos. Poesía autoficcional (Gustavo A. Quintero Hernández)